948

LE
CABINET NOIR,
ET M. DE VAULCHIER.

IMPRIMERIE DE H. BALZAC,
rue des Marais S.-G., n. 17.

LE
CABINET NOIR

ET

M. DE VAULCHIER.

<small>At specus et caci detecta apparuit ingens
Regia, et umbrosæ penitùs patuêre cavernæ.</small>

Paris.

CHEZ CONSTANT-CHANTPIE, ÉDITEUR,
PALAIS-ROYAL, GALERIE DE BOIS, N° 264;
ET LECAUDEY, LIBRAIRE,
GALERIE DE BOIS, N° 261.

1828.

LE CABINET NOIR,

ET

M. DE VAULCHIER.

Un journal a dit, dans ces derniers temps, que la France offrait le spectacle unique d'une administration tout entière anti-libérale, moins les ministres. Si cette assertion est vraie dans toute son étendue, c'est un éloge, sans doute, pour ceux qui ont paru dignes de cette exception honorable, mais c'est en même temps la satyre la plus sanglante de leur gouvernement, la plus triste démonstration de leur impuissance.

Le legs qu'ils ont reçu renfermait à la fois un avantage précieux et une pénible tâche. Si c'était une bonne position que de succéder à des hommes qui avaient accoutumé la France à être peu exigeante en fait de libéralisme et de loyauté, ce n'était pas l'ouvrage d'un jour que de faire sortir la corruption et le servilisme des veines d'une administration façonnée pendant sept ans au joug du ministère de déplorable mémoire. Aussi voyons à quoi l'on a réussi.

Une excellente loi sur les élections est portée

aux Chambres : et, dans les élections qui ont lieu à cette époque, quelques préfets font encore de l'arbitraire. En vain le projet proposé par le gouvernement leur manifeste ses intentions loyales : dans leurs esprits préoccupés du passé, ce sont les injonctions de M. de Corbière qui ont prévalu. Un directeur de l'agriculture et des haras, qui trouve que la France produit trop (parole digne d'un pacha qui digère), se met en contradiction ouverte à la tribune avec l'un des chefs du gouvernement actuel, et ne croit pas devoir plus modifier son langage que si M. de Villèle était encore debout.

Un autre directeur-général, chargé de l'administration des postes, n'ose pas déclarer à la Chambre élective. qu'il a cessé d'abuser de la confiance publique : il trouve même un orateur qui ne voit pas ce qu'il y a de hardi et de cynique à faire l'éloge du Cabinet Noir; et comme pour donner un démenti affecté aux paroles de M. Roy, qui proclame à la tribune l'abolition de cette inquisition révoltante, il se fait prendre en flagrant délit quelques jours après.

De tels faits, trop souvent répétés, semblent indiquer qu'une puissance formidable, dont le souvenir est toujours une menace, a pris sa position entre le gouvernement et ses agens subalternes ; elle perdrait bientôt son influence, si ceux-ci étaient plus souvent inquiétés pour leurs actes.

Loin de moi l'idée d'appeler une diversion qui pourrait être avantageuse à d'illustres prévenus attendus à la barre de la Chambre élective ! mais on peut légitimement exprimer le vœu de voir soumettre un jour à une investigation sévère la conduite de ces hommes qui ne sont pas les anciens ministres, mais qui continuent les anciens ministres, et rendent illusoire pour la France le bienfait de leur chûte.

En attendant, c'est aux citoyens à mettre à la portée des Chambres tous les renseignemens et toutes les données qui peuvent contenir les élémens d'une accusation publique; et, sans avoir de nouveaux faits à ajouter à ceux révélés par la petite polémique qui s'est engagée entre M. de Vaulchier et moi pendant le mois de mai dernier, au *Courrier Français*, j'ai résolu de les reproduire ici, d'abord parce qu'étant décisifs et accompagnés de circonstances propres à expliquer la conduite de cet administrateur, ils m'ont paru, sous ce rapport, mériter l'importance d'une publicité plus détaillée; ensuite parce que d'autres griefs, exposés ces jours derniers à la Chambre, viennent de ressusciter, de raviver plus que jamais la question du Cabinet Noir, et de rendre, par là-même, les faits qui s'y rapportent tout palpitans d'intérêt et d'opportunité.

Il est un artifice familier à quelques agens de l'autorité, lorsqu'on les accuse eux seuls, ou tout au plus quelques complices avec eux; c'est de s'identifier avec la masse de leurs subalternes, et d'incriminer l'inculpation même, sous prétexte qu'elle tombe sur toute une classe de personnes. C'est ainsi qu'on accusait de calomnier la gendarmerie ceux qui demandaient que justice fût faite de quelques scélérats qui, dans les journées du 19 et du 20 novembre, sabraient, sans mission, des citoyens paisibles et désarmés. Je déclare que je n'entends pas ce langage, et ne comprends pas une accusation collective. Non, on n'a point calomnié la gendarmerie, et je ne calomnie point aujourd'hui l'administration des postes ! Mais ceux qui, soit en cachant les coupables, soit en niant leurs crimes, en font peser la responsabilité sur des milliers d'innocens; ceux qui rendent la bonne foi et l'honneur solidaires pour la fraude et la bassesse, et laissent tout un corps en prévention pour les attentats de quelques membres tarés, ceux-là seuls déconsidèrent le corps et sont ses véritables calomniateurs.

Je n'ai pas à rechercher si le Cabinet Noir a ou n'a pas existé, sous la monarchie absolue, pendant la crise révolutionnaire, et sous le despotisme de l'empire, comme s'il était permis de demander des précédens à de telles époques pour prouver sa légalité sous le régime constitutionnel.

Aucune loi, aucune ordonnance n'ayant reconnu le Cabinet Noir, son existence est un crime perpétuel que chaque particulier eut toujours le droit de dénoncer : ce droit est devenu un devoir sous notre nouvelle forme de gouvernement, et surtout depuis que Monsieur le ministre des finances, par une déclaration solennelle dont la France a pris acte, avait déjà, en quelque sorte, prononcé le rapport de cet abus immoral.

Je croyais à l'efficacité de cette déclaration, lorsque, le 30 avril, j'eus la bonne fortune de prendre en flagrant délit l'administration des postes. Cet incident semblait arriver tout exprès pour fortifier la pétition de M. Germain; mais la crainte de commettre une bévue, et même une injustice, en livrant de suite au public une anecdote si singulière, me retint d'abord; et ce ne fut qu'au bout de quelques jours, et après avoir poussé jusqu'au scrupule la recherche des preuves, que je publiai le fait dans cette lettre, insérée le 6 mai au *Courrier Français*.

A M. le Rédacteur du Courrier français.

« Monsieur,

» Permettez-moi d'informer, par la voie de votre estimable journal, messieurs les employés de je ne sais quel bureau, chargés d'ouvrir les lettres du 29 avril, qu'en recachetant mon paquet, ils y ont renfermé, par inadvertance, une lettre adressée à madame Sainte-Placide, religieuse au couvent de la Madelaine, rue des Postes, n° 6. On voit, par les deux timbres que porte cette lettre, qu'elle est partie de Caen affranchie, et qu'elle est arrivée à Paris le 29 du mois dernier, le même jour où, selon toute probabilité, le paquet qui m'a été remis le 30 à midi avait été déposé par mon correspondant de Juilly, au bureau de Dammartin.

» Ce simple rapprochement de dates, joint au silence de mon correspondant sur cette lettre, était plus que suffisant pour autoriser de graves soupçons. Toutefois, comme dans le doute il faut toujours croire, même à la discrétion de la poste aux lettres, et suivant le principe récemment établi, que, dans toute question obscure, la probité administrative doit être présumée provisoirement, je mis la lettre sous enveloppe, et je l'envoyai à Juilly, pour provoquer des explications et ajouter d'autres preuves à des preuves mathématiques. Aujourd'hui ces explications et ces preuves sont arrivées. Elles sont toutes simples, et telles que je les attendais; on ne connaît ni la lettre, ni la personne à qui elle est adressée.

» Il est donc démontré avec luxe que mon paquet a été ouvert, et que c'est à Paris qu'il l'a été. Pour cette fois le délit est flagrant et palpable; et il n'y a pas d'incrédulité si obstinée, voir même celle d'un directeur-général, qui ne fléchisse devant une pièce de conviction comme celle qui est entre mes mains. Que le cabinet noir existe encore, ou qu'il n'existe plus, c'est une question parfaitement indifférente. Si ceux qui le composaient sont répandus dans les cabinets de l'administration, il est impossible qu'ils n'aient pas, de temps en temps, quelques réminiscences de leurs anciennes fonctions. Que dis-je? ils seront fiers désormais d'exercer une industrie à laquelle on leur a dit que le gouvernement doit son salut; et, comme tout en travaillant au salut du gouvernement, on peut ne pas s'oublier soi-même, ils ouvriront de préférence, comme ils l'ont toujours fait, les paquets et les lettres doubles. »

Agréez, etc.

CLAUDON.

Le 6, je ne reçus aucun message de M. de Vaulchier; le 7, dans la soirée, un inspecteur vint de sa part me demander la lettre de madame Sainte-Placide. J'étais tout disposé à la lui remettre, même sans reçu, si la mauvaise foi trop évidente des raisons qu'il alléguait pour me prouver que cette lettre avait pu tomber entre mes mains sans que mon paquet eût été ouvert, ne m'eût averti que j'avais affaire à des gens contre qui toute précaution est bonne à prendre. Je ne crains pas que personne soit offensé de cette méfiance, puisque M. l'inspecteur, en me refusant le reçu ce jour-là, a prouvé que j'avais eu raison de le demander. Le lendemain il revint autorisé à me donner le reçu que j'exigeais : je lui remis la lettre avec une imitation des pièces que j'avais entre les mains, et qui démontraient si clairement, je ne dirai pas la vérité, mais l'exactitude du fait dans tous ses détails, que l'employé lui-même paraissait un peu honteux d'être obligé, pour l'acquit de sa commission, de renouveler ses subtilités de la veille.

Il m'était donc permis de croire que j'en avais fini avec la poste. Mais je ne connaissais pas M. de Vaulchier. A peine eut-il recouvré son bien, que, se donnant carrière avec toute la liberté d'un homme qui ne se croit pas même justiciable de la raison publique, il envoya, dès ce jour, au *Courrier français* la lettre suivante.

A M. le Rédacteur du Courrier français.

« Monsieur,

» Vous avez inséré dans votre numéro du 6 de ce mois, à la suite d'un article ayant pour titre : *M. de Vaulchier trahi par ses employés,* une lettre signée Claudon, dans laquelle le signataire assure qu'un paquet à son adresse a été ouvert à l'administration des postes, et qu'on y a inséré, en le refermant, une lettre adressée à madame Sainte-

Placide, au couvent de la Madelaine, rue des Postes, à Paris.

» Voici, monsieur, ma réponse à votre article et à la lettre de M. Claudon : il est faux qu'on ait inséré à la poste la lettre de madame Placide dans la paquet de M. Claudon. Il arrive assez fréquemment qu'une lettre de petite dimension se glisse dans une plus grande ou dans un paquet ; c'est ce qui a dû arriver à la lettre dont il s'agit. Les personnes qui en ont trouvé de pareilles incluses dans leurs lettres les avaient, jusqu'à présent, renvoyées aux destinataires ; il était réservé à M. Claudon de tirer de cet événement des conclusions si peu fondées, et surtout de garder pendant huit jours une lettre qu'il savait ne pas lui appartenir. Madame Sainte-Placide lui en saura sans doute beaucoup de gré.

» L'administration que je dirige défie M. Claudon de fournir aucune preuve de son assertion, je la déclare fausse et calomnieuse.

» J'espère, monsieur, de votre équité, que vous voudrez bien insérer cette réponse dans votre prochain numéro.

» Agréez l'assurance de ma considération distinguée. »

Le conseiller d'état directeur-général des postes,

VAULCHIER.

Des réflexions sur la forme et le fond de cette lettre seraient ici d'un intérêt bien secondaire à côté d'une circonstance qui va donner de suite une juste idée de la bonne foi de M. Vaulchier. Tandis qu'il affirmait dans les journaux, d'une manière si tranchante, que j'avais reçu une grande lettre dans laquelle celle de Caen s'était glissée, le même jour, à la même heure, il écrivait à Juilly pour demander la forme de l'enveloppe du paquet qui m'avait été expédié le 29 !

On répondit de Juilly, en envoyant à M. le directeur-général une enveloppe à quatre angles, et de la même main qui avait fait la première : il n'y a rien à dire contre cette pièce, on pouvait encore moins récuser celui qui l'avait faite, ce n'était pas l'expéditeur. Si M. de Vaulchier eût attendu cette pièce avant de publier sa lettre dans le Courrier, je n'ose pas affirmer qu'il ne s'en fût pas abstenu. Mais quoi ! serait-ce assez d'accuser de légèreté un homme qui se joue ainsi de la crédulité du public et de l'honneur des particuliers ? Quoi ! M. de Vaulchier ne savait rien, il n'avait pris aucun renseignement, il avait encore tout à faire pour que sa conviction pût s'établir dans un sens quelconque ; il le déclare lui-même par une démarche dont j'ai la preuve en main, et cependant il m'appelle déjà faussaire et calomniateur provisoirement.

Si je n'avais pas été en mesure de prouver invinciblement, comme je l'ai fait, que la lettre tombée entre mes mains, par la gaucherie et l'infidélité de la poste, était incluse dans un paquet hermétiquement fermé, les menaces et les défis de M. Vaulchier auraient pu m'inspirer quelque alarme : bien que notre législation ne soit pas, sous ce rapport, aussi favorable aux mauvais administrateurs que celle de l'ancienne Grèce. Là, comme on sait, une accusation qui échouait faute de preuves suffisantes, pouvait entraîner contre son auteur la peine de l'exil : à cette terrible condition qui est-ce qui oserait accuser même M. de Villèle? Mais, dans l'hypothèse même d'une lettre qui aurait la forme et les dimensions appropriées au système de défense adopté par M. Vaulchier, je crois qu'on pourrait encore lui répondre ; autrement il faudrait plaindre ses administrés, d'être obligés de pâtir de certains quiproquo, comme de recevoir, en échange d'un billet de banque dont on leur annoncerait l'envoi, une vieille circulaire administrative, ou le poulet d'un jésuite inclus dans une lettre soigneusement recachetée, et de garder le silence sur le cas, sous peine de se voir actionnés en réparation d'honneur par la poste, qu'ils auraient calomniée, en dommages-intérêts par les destinataires, envers lesquels ils n'auraient pas fait l'office de facteurs de la poste !

Je dis qu'on pourrait encore répondre ; car,

outre que le bon sens public met d'abord en prévention un accusé qui ne se défend pas mieux que M de Vaulchier, la moindre attention fait de suite découvrir quelques circonstances favorables à la meilleure cause. Moi, par exemple, si le respect dû à la vérité, même dans les moyens employés pour elle, m'eût permis de faire à M. de Vaulchier cette large concession d'une lettre substituée à un paquet fermé par une enveloppe à quatre angles, je lui aurais dit : Rappelez-vous que madame Sainte-Placide a son domicile au faubourg Saint-Marceau, et que j'ai le mien au faubourg Saint-Germain; que sa lettre venait de Caen, la mienne de Dammartin : si vous persistez à soutenir que les choses se sont passées comme vous l'avez dit d'abord, il vous restera encore à démontrer comment deux lettres arrivant par deux routes opposées, et destinées à des quartiers différens ont pu se rapprocher assez pour que l'une se soit glissée dans l'autre. Certes, je ne sais pas ce qui se passe dans les bureaux de la poste, mais il me semble que jeter pêle-mêle, dans un même tas, les lettres de tous les pays, de toutes les arrivées et de toutes les destinations, n'est pas un bon moyen d'en faciliter le triage et d'en accélérer la distribution. Le petit phénomène dont vous nous parlez avec autant d'assurance que si vous en aviez été témoin oculaire, n'a donc été possible qu'autant que les deux lettres ont été distraites des bureaux ordinaires : c'est-à-dire que votre justification suppose l'existence du Cabinet Noir. Fallait-il braver l'évidence pour fabriquer un moyen si malheureux.

Voici ma réplique telle qu'elle fut insérée le lendemain au *Courrier français*.

A M. le rédacteur du Courrier Français.

Monsieur,

Je conçois l'étonnement et l'indignation que vous cause la lettre de M. de Vaulchier. Toutes les personnes qui avaient lu avec quelque attention ma lettre insérée dans votre numéro du 6, devaient naturellement penser que cet administrateur s'occupait de faire de sévères perquisitions, et que s'il répondait un jour au public, ce serait pour lui faire part de ses découvertes. Mais la susceptibilité administrative réclamait la priorité sur tous ces soins. Le voilà qui, par une récrimination des plus déplacées, essaie de me faire des affaires avec madame Sainte-Placide, et veut me rendre comptable, envers elle, du préjudice qui pourrait suivre un retard occasionné par des circonstances mentionnées ailleurs, ensuite par la publicité donnée à ma plainte, enfin par l'administration elle-même, puisqu'il a dépendu d'elle d'avoir la lettre un jour plus tôt.

Mais abandonnons ces accessoires à-peu-près

indifférens. C'est sur le fond de la chose qu'il faut entendre M. de Vaulchier. Il déclare mon assertion fausse et calomnieuse, et me défie d'en fournir aucune preuve. Je vais répondre à M. de Vaulchier, et d'abord, comme la politesse ne gâte rien à une bonne cause, je m'engage à respecter les formes autant qu'il les a oubliées, et à lui payer tous ses démentis en bonnes raisons.

Il est bien difficile de convaincre ceux qui ne veulent pas l'être. M. de Vaulchier demande des preuves, je lui montre des faits; et des faits si palpables, qu'aux yeux de tout autre ils constituent l'évidence; mais il ne veut pas les regarder, ou bien il les voit, non tels qu'ils sont, mais tels qu'il les lui faut. Je lui dis, par exemple, voilà un paquet. Aussitôt ce paquet se métamorphose à ses yeux en une grande lettre dans laquelle une lettre plus petite s'est glissée. Son employé n'avait pas trouvé cet ingénieux moyen; il s'était placé sur un terrain bien moins avantageux. Que le public juge de la contenance d'un ambassadeur dont la mission est de dire pendant une heure qu'une lettre, longue à-peu-près de quatre pouces et large de trois, a dû se glisser et se fixer fortuitement sous un des angles aigus d'un paquet à quatre angles, au centre desquels se trouvait le cachet, et que cette lettre ainsi nichée a suivi le paquet de main en main, résistant à toutes les secousses, et échappant à tous les regards. On a dû voir qu'on ne pourrait pas même obtenir une probabilité en argumentant d'une fatalité de circonstances toutes si extraordinaires, et toutes si gratuitement imaginées. L'invention de la *grande lettre* pliée d'une autre façon ne pouvait donc venir plus à propos, et il était juste que ce fût le chef qui en eût l'honneur. Aujourd'hui il nous a montré le parti qu'il savait en tirer ; mais c'est tout ce qu'il doit en attendre, et lorsque l'examen des pièces et les dépositions des témoins (1) auront établi que la prétendue grande lettre était un paquet bien fermé et bien cacheté sous son enveloppe, M. le directeur sera forcé de redescendre de sa haute conception aux arguties de son employé.

Quand on réfléchit que tout le reste de la lettre se compose de démentis et d'injures, on a peine à s'expliquer l'audace du défi qui m'est

(1) J'ai entre les mains ces dépositions signées par les témoins et légalisées par la mairie de Juilly. Elles ne m'ont été remises que le 11, ce qui était peu important, puisque M. de Vaulchier n'a pas demandé à les voir. Le public jugera sans doute, comme lui, qu'elles sont surabondantes : j'en parle seulement pour dire que la lettre, par laquelle je les demandais, était arrivée à Juilly vingt-quatre heures plus tard qu'une autre lettre jetée à la boîte le même jour, et qu'en raison de cette circonstance, sur laquelle M. de Vaulchier s'est expliqué depuis *assez passablement*, on avait pris la précaution de m'envoyer ces pièces par voie extraordinaire.

porté : pour moi, je crois y avoir répondu de manière à ce que toute la France puisse en apprécier la valeur, et je souhaite sincèrement que les personnes qui seraient dans le cas d'adresser à M. de Vaulchier des plaintes plus intéressées et plus sérieuses, eussent à lui opposer des faits aussi concluans que les miens ; alors je ne douterais pas de la sentence qui interviendrait.

Agréez, etc. CLAUDON.

Certains détails dans lesquels je ne pouvais, ni ne devais entrer, lorsque j'écrivis cette lettre, trouveront ici leur place et feront sans doute comprendre au public, déjà convaincu sur le fait de mon paquet ouvert à la poste, quel intérêt on avait à l'ouvrir.

J'avais l'honneur d'être en rapport avec un personnage éminent, plus illustre encore par ses qualités personnelles que par sa position politique; j'occupais même un modeste emploi dans sa maison. Le paquet de Juilly me fut adressé à son hôtel où j'habitais, et son nom se trouvait joint au mien dans la suscription, comme l'expéditeur pourrait l'attester, s'il en était requis, et comme l'attestent déjà toutes ses lettres qui sont entre mes mains, les unes antérieures, les autres postérieures à la date du 30 avril, sur lesquelles le nom de de ce même personnage est écrit à côté du mien.

Je ne suis pas assez sûr que cette circonstance fût connue de M. de Vaulchier, pour oser l'affirmer ; mais, soit instinct, soit mieux, il s'obstina toujours à ne pas me croire sa partie dans cette affaire, et s'adressa directement à celui qu'il regardait sans doute comme le véritable plaignant. Dès l'abord, il lui écrivit contre moi une lettre foudroyante, dans laquelle, le prenant à témoin de sa bonne administration, il l'attaquait virtuellement comme l'éditeur responsable de mes prétendues calomnies. Certes, le but de cette lettre, l'intention perfide de son auteur frappe les yeux les moins clairvoyans! Le lendemain, lorsque M. de Vaulchier répondait à des faits matériels par des fanfarronnades administratives et par des démentis purs et simples, on ne pouvait expliquer une pareille lettre. Eh bien ! ce qui l'explique, c'est la précaution prise la veille, précaution par laquelle il pouvait bien se croire dispensé d'avoir des raisons et de la politesse. Le succès a trompé son attente ; mais si l'on eût pris la chose comme il la présentait, si, d'une part, des principes généreux, de l'autre, une grande indépendance personnelle avaient pu comporter l'intervention dont il insinuait l'idée, mon silence lui était assuré, et ses audacieux défis restaient sans réponse !

Il est inutile de commenter de tels procédés pour faire ressortir tout ce qu'ils ont d'ignoble et de déloyal. Ce n'est pas quand les faits parlent si clairement qu'il faut aider le lecteur à tirer des conclusions.

Dès que j'eus connaissance de la démarche de M. de Vaulchier, je lui écrivis pour l'engager à ne demander compte qu'à moi seul de ma publication. Je lui affirmai, ce qui était vrai, que la personne sur laquelle il la rejetait y était restée étrangère ainsi qu'à la connaissance du fait qui y avait donné lieu. Cette assertion, qui a paru peu probable à M. de Vaulchier, n'était pourtant qu'une conséquence rigoureuse de mes principes et de ma position. Ignorant si l'on n'avait pas quelques raisons particulières de ménager le directeur général des postes, je n'ai pas voulu, par une communication qui n'était pas obligée, me placer entre deux alternatives également impossibles ; l'impossible pour moi, c'eût été de refuser quelque chose à une personne à qui je devais beaucoup ; l'impossible pour moi, c'eût été de ménager M. de Vaulchier au détriment du public à qui l'on doit tout. Voilà des choses qui ne peuvent pas entrer dans l'esprit de M. de Vauchier, et il ne faut pas s'en étonner. Celui dont les employés n'osent pas même délivrer un reçu sans son autorisation, celui-là ne peut pas, ne doit pas comprendre qu'il existe des hommes qui croiraient engager leur liberté et leur conscience, s'il donnaient droit à quelqu'un de leur commander ou de leur interdire une bonne action.

Toutes les victoires ne sont pas glorieuses, témoin celle de certain athlète qui, déjà vaincu et terrassé, fit crier *merci* à son adversaire en lui tordant l'orteil.

M. de Vaulchier, battu deux fois sur la grande question, s'aperçut qu'il pouvait, en incidentant, obtenir sur moi une espèce d'avantage. Il sentit qu'en renouvelant ses attaques indirectes auprès du tiers illustre dont j'ai déjà parlé, il finirait par irriter ce je ne sais quoi, qui est toujours éminemment ombrageux et même un peu partial chez les hommes les mieux organisés et les plus justes de la haute société; qu'il m'exposerait au moins à la mauvaise humeur causée par ses démarches inconvenantes, et qu'enfin quelque altération s'en suivrait, sans doute, dans des rapports qui pouvaient être des besoins pour moi.

Comme il lui fallait un prétexte pour revenir à la charge, surtout ayant déjà été éconduit une première fois, il se présenta avec cet air respectueux et embarrassé de quelqu'un qui vient se faire pardonner sa déconvenue; il ne voulait pas aggraver *ma faute*, disait-il; bien loin de là, il ne cherchait qu'à excuser la sienne. Puis, quittant par degrés le patelinage de ses précautions oratoires, il alléguait certaines paroles que son employé lui aurait rapportées, et d'après lesquelles il avait dû conclure que l'on avait été instruit de la méprise de son administration, et par conséquent, selon sa manière de raisonner, instigateur de mes démarches. Je n'avais jamais prononcé ces paroles. Elles ne signifient pas à beaucoup près ce que prétend M. de de Vaulchier, mais elles me constituaient une faute légère envers une personne dont j'avais tellement à cœur de ne pas commettre le nom dans cette affaire, que les rédacteurs d'un journal connaissant ma position et l'adresse du paquet de Juilly, et se proposant de tirer de ces deux circonstances une preuve morale qui eût été toute puissante aux yeux du public, je demandai instamment et j'obtins que ce moyen fût abandonné.

Au surplus, il serait difficile et même superflu de repousser autrement une imputation de cette nature que M. Vaulchier tenait à faire, et non pas à prouver. Il est de ces Baziles politiques qui comptent les coups qu'ils portent, jamais ceux qu'il reçoivent ; gens blâsés sur les mortifications, jouant sur le velours dans toutes les questions où il n'y va pour eux que du danger d'être confondus, à quoi ils sont tellement habitués qu'ils en avalent l'humiliation comme de l'eau claire. On dirait que, par le long exercice d'un pouvoir sans contrôle, ils se sont mis au-dessus de l'opinion publique, qu'ils sont prêts à élever le conflit contre ses jugemens, et qu'une sorte d'inviolabilité morale couvre leurs actions et leurs caractères. Ayez à lutter contre cette classe de gens, vous triompherez ; mais ils auront l'avantage. Vos plaintes seront d'abord traitées de délations, de calomnies; si vous rassemblez contr'eux de nouvelles charges, ils riront de la peine qu'ils vous donnent, et vos raisons les plus fortes, vos preuves les plus accablantes ne seront, en dernière analyse, que des coups d'épée dans l'eau. Au dehors, vos adversaires sont invulnérables; au-dedans, ils n'ont rien que la honte puisse flétrir.

Tout ce qui me restait à faire pour en finir avec M. de Vaulchier et son employé, c'était d'envoyer à ce dernier, dont j'ignore la demeure, un démenti formel, par l'organe même de son chef. Je l'ai fait. L'employé n'a point été confronté avec moi. Il n'est point venu s'expliquer avec moi sur un fait devenu personnel. A dieu ne plaise que je veuille en rien conclure contre lui ! Mais que son silence est significatif à l'égard de M. de Vaulchier ! Quel est donc cet administrateur que ses employés connaissent si bien qu'ils ne se croient pas engagés par ce qu'il dit, ni par ce qu'il écrit en leur nom !

Jusqu'ici je ne me suis point fait un scrupule de prolonger un petit épisode de diplomatie usuelle et pratique où se laisse apercevoir, parmi quelques traits imparfaitement dessinés, une des plus grandes figures du jésuitisme moderne ; mais mon but est atteint, et je borne là des détails où je suis trop souvent et trop particulièrement intéressé, et sur lesquels, pour cette raison même, je crains déjà de m'être étendu avec trop de complaisance.

Quelques lignes encore seront consacrées à examiner, dans un intérêt plus général, la question de la responsabilité de M. de Vaulchier, touchant la violation bien constatée du secret des lettres, et les soustractions faites dans les bureaux de la poste. On se rappelle l'inconséquence et l'inconcevable légèreté des raisons produites à la décharge de cet administrateur, soit par lui, soit par ses partisans, en réponse aux réclamations de quelques négocians qui se plaignaient d'avoir été volés. On les a éconduits en leur rappelant qu'il était défendu de renfermer des valeurs dans des lettres confiées à la poste, tout en maintenant le principe général que les lettres n'y sont jamais décachetées.

Si M. de Vaulchier était aussi certain qu'il affecte de l'être, que le secret des lettres n'est jamais violé à la poste, il lui serait indifférent que ces lettres continssent ou ne continssent pas des valeurs. Or, si le motif d'une pareille interdiction n'est pas une tendre sollicitude pour les intérêts des administrés, c'est évidemment la crainte de leur livrer quelques preuves, souvent chèrement achetées, mais sûres du moins, mais incontestables, de l'existence du cabinet noir. C'est-à-dire que M. de Vaulchier, bien résolu de ne pas donner satisfaction à la France, ne vise qu'à l'endormir dans une sécurité funeste, que, pour lui, tout le mal est dans l'éclat, et que ce *ce n'est pas pécher que pécher dans l'ombre* : ce sont les principes de Tartuffe hautement professés et mis en action tous les jours par le plus sacrilège abus de la confiance publique!

Alléguera-t-on que la défense de renfermer des valeurs dans les lettres tend à empêcher que le trésor soit privé de l'impôt énorme de cinq pour cent levé sur ces valeurs, et du double droit dont sont frappées les lettres dites *chargées*? Mais il faut se rappeler que, lors de la discussion de la dernière loi sur le tarif des postes, ces différens droits ont été considérés comme des exactions; et c'est déjà, selon moi, une grande inconvenance de commander à tout un peuple de se soumettre à un monopole oppressif, lorsqu'il croit pouvoir s'y soustraire. Que sera-ce donc si l'on va encore lui faire entrevoir qu'en ne reconnaissant pas ce monopole, il expose ses capitaux à être volés; si même on lui prouve, en ne restituant jamais rien, en ne livrant pas les auteurs de vols à la vindicte des lois, qu'on prend, en quelque sorte, parti pour eux, et qu'on regarde toute soustraction comme autorisée par l'imprudence des expéditeurs qui n'ont pas profité de l'avertissement de M. de Vaulchier? Eh bien! il n'y a rien ici de supposé. C'est l'effet même qui résulte des réponses cruellement dérisoires de monsieur le directeur général. Or, je le demande, extorquer les deniers du pauvre par ces moyens odieux, faire servir la crainte qu'inspirent tant de vols impunis et la permanence du cabinet noir, à rendre obligatoire pour tous les citoyens une taxe reconnue exorbitante, n'y a-t-il pas là de quoi caractériser le délit de concussion?

Je vais plus loin. Je dis que la responsabilité des vols commis à la poste pèse tout entière sur M. de Vaulchier. En effet, j'ai démontré que, malgré les intentions généreuses et libérales du monarque, exprimées par l'organe d'un de ses ministres, le Cabinet Noir existe encore. Tant qu'il existera, la justice et la raison nous défendent de porter ailleurs nos soupçons. Ces artistes ténébreux qui font métier d'amollir les cachets, et dont vous excitez la cupidité, en lui offrant un continuel appas, dans l'exercice d'une coupable industrie, voilà nos voleurs naturels! nous n'en supposons pas d'autres. Et vous qui les présidez, (car nous vous faisons la justice de croire que vous ne nous livrez pas entièrement à la discrétion de tels agens); vous qui dirigez une inquisition que le roi et la France ne reconnaissent pas au profit d'une classe d'hommes que le roi et la France ne reconnaissent pas davantage; vous qui faites passer la fortune des citoyens par tant d'épreuves dangereuses, lorsqu'elle vient à y périr par vous, et pour vous, il ne serait pas permis de vous en demander compte, et le premier coupable serait mis hors de cause!

Il résulte des faits que je viens de rapporter, que vous êtes en contravention perpétuelle avec les principes du gouvernement. J'ai examiné vos réponses, et j'ai fait voir que, dans quelque sens qu'on les torde, il n'en sort que du jésuitisme et de la fiscalité. Une seule chose vous protège encore. Un député préfet a dit que vous n'étiez pas dans la classe des hauts fonctionnaires dont la mise en accusation exige l'intervention des Chambres. Si l'on s'était adressé ailleurs, le même préfet, ou quelque autre, n'aurait pas manqué de dire que, dans ce qui concerne l'administration, vous êtes au-dessus des tribunaux ordinaires; c'est-à-dire que vous ne pouvez être jugé par les cours, parce que vous êtes plus que simple particulier, ni par les Chambres, parce que vous n'êtes pas encore ministre. On vous a placé dans un milieu fort commode, sans doute, mais qui, s'il faut le dire, n'est pas celui de la vertu, ni de la raison, ni surtout de la légalité. Ne sentez-vous pas que profiter plus long-temps d'un pareil avantage, c'est avouer vous-même que vous n'avez de refuge que dans l'incertitude des formes à employer contre vous?

Ces jours derniers, lorsque de nouvelles réclamations ont été portées à la Chambre, vos défenseurs eux-mêmes ne vous ont-ils pas averti, par la pauvreté de leurs argumens, que votre cause est abandonnée? M. Marcassus de Puymaurin ne ne s'est pas représenté sur la brèche pour endosser encore les turpitudes du Cabinet Noir, au nom de la légitimité de nos rois. Le Cabinet Noir et la légitimité ! Vous même, mieux avisé que la première fois, vous eussiez répudié cette alliance monstrueuse. *La légitimité, a dit un noble pair, n'est que le droit ; et le droit est inséparable de la morale et de la vertu!* Qu'est-ce que toutes ces choses auraient de commun avec une caverne de voleurs ?

Non, telle n'est pas votre importance, tel n'est pas le danger des temps où nous sommes que tout doive périr, Charte, autel et trône, si l'hôtel des postes ne demeure entre vos mains une sorte de douane intérieure, une succursale de la police secrète. Je soutiens d'ailleurs qu'en thèse générale, la violation du secret des lettres n'a jamais sauvé l'État. Si c'est une tradition du pouvoir absolu, de la révolution et de l'empire, il fallait conclure de là qu'une pareille immoralité est le symptôme de l'oppression des peuples et de la désorganisation des pouvoirs. Il est un cas, peut-être, où elle pourrait produire ce grand et salutaire effet dont vous parlez, c'est si les hommes qui ont abusé du pouvoir savaient comprendre et suivre les avertissemens sévères qui leur parviennent par cette voie. Mais leur est-il jamais arrivé d'en tenir compte? Rappelez-vous ces temps qui sont encore près de nous, lorsque de tous les points de la

France on n'avait que de l'indignation à se communiquer. Elles n'étaient point arrangées ces douleurs; elles n'étaient point systématiques ces malédictions, dont on ne savait pas que des mains infidèles livraient le secret à vos maîtres : c'était à la fois la réprobation la plus unanime et la moins équivoque, c'était le jugement de la France. L'ont-ils respecté? et pour l'avoir bien connu, se sont-ils exécutés un quart d'heure plus tôt? Ils n'ont désiré le connaître que pour le braver (car c'est toujours de cette manière que la vérité profite aux tyrans), que pour mesurer leurs brutalités à nos plaintes, jusqu'à ce qu'ayant usé tous les expédiens, leur fureur se soit trouvée à bout lorsque notre patience n'y était pas encore. La leçon de cette époque, c'est que les mauvais ministres ne se corrigent pas, et que la France ne conspire jamais. Mais aujourd'hui qu'un sage retour à des principes trop long-temps oubliés lui annonce une ère nouvelle de liberté et de gloire, contre qui voudrait-elle conspirer? Contre le trône? Ses bénédictions et ses vœux ne cesseront d'y monter, parce qu'elle sait que le mal n'en peut descendre. Contre les ministres? Elle a dans l'avenir le droit de les juger. Contre vous peut-être? Ah! pour vous et tous ceux qui sont sur la même ligne de principes et de pouvoir, elle vous tolère. Mais si sa dignité lui défend de s'emporter, vous voyez bien cependant qu'elle se dit tous les jours à elle-même que vous l'offusquez, que, partout où l'ordre légal est rétabli, votre présence est un inconvénient, qu'il lui tarde, en un mot, de ne plus vous voir suspendus au-dessus d'elle, comme les satellites perdus de ces planètes long-temps menaçantes, qui, à force de se mouvoir dans l'arbitraire, un jour se sont jetées loin de leurs orbites.

FIN.

www.ingramcontent.com/pod-product-compliance
Lightning Source LLC
Chambersburg PA
CBHW060719050426
42451CB00010B/1518